Frère Roger, Taizé

Aus der Stille des Herzens

Frère Roger, Taizé

Aus der Stille des Herzens

Gebete

EDITION TAIZÉ HERDER

Titel der französischen Originalausgabe:
Prier dans le silence du cœur, Les Presses de Taizé, 2005
Übersetzung aus dem Französischen:
Communauté von Taizé

www.taize.fr/de

MIX
Papier aus verantwortungsvollen Quellen
FSC® C014496

Für die deutschsprachige Ausgabe:

www.herder.de

Umschlagmotiv: Linde Dorenbos
Covergestaltung: Verlag Herder
Innengestaltung: Barbara Herrmann, Freiburg
Herstellung: GGP Media GmbH, Pößneck

Printed in Germany

ISBN Print 978-3-451-39027-2
ISBN E-Book (EPUB) 978-3-451-82927-7

Inhalt

Durch nichts nehmen wir unsere Verantwortung mehr wahr als durch unser Gebet

Das persönliche Gebet ist immer einfach. Brauchen wir denn zum Beten viele Worte? Nein. Bereits in wenigen, unbeholfenen Sätzen können wir Gott alles anvertrauen – unsere Angst und unsere Hoffnung. Wenn wir uns dem Heiligen Geist überlassen, finden wir von der Unruhe zum Vertrauen.

Im Gebet erahnen wir, dass wir niemals allein sind: Der Heilige Geist trägt unsere Gemeinschaft mit Gott – nicht nur für einen Augenblick, sondern bis in das Leben, das kein Ende hat. Ja, der Heilige Geist entzündet in uns ein Licht. So schwach es auch leuchtet, es weckt eine Sehnsucht nach Gott. Und diese Sehnsucht ist bereits Gebet.

Indem wir beten, entfliehen wir nicht den Sorgen der Welt. Im Gegenteil: Durch nichts nehmen wir unsere Verantwortung mehr wahr als durch unser Gebet. Je einfacher und demütiger unser Gebet ist, desto mehr werden wir fähig, zu lieben und es mit unserem Leben zum Ausdruck zu bringen.

Heiliger Geist,
hilf uns, Frieden zu stiften,
wo Menschen sich bekämpfen.
So kann unser Leben ein Widerschein
von Gottes Erbarmen sein.
Ja, hilf uns zu lieben
und es mit unserem Leben zu sagen.

Jesus, unser Friede,
im Evangelium rufst du uns auf,
ganz einfach zu sein.
Du legst eine nie endende Dankbarkeit
in unser Herz,
Dankbarkeit für deine
beständige Gegenwart.

Gott des Trostes,
auch wenn wir deine Nähe nicht
spüren, bist du da.
Deine Gegenwart ist unsichtbar, aber
dein Heiliger Geist ist immer in uns.

Heiliger Geist,
du erfüllst das All.
Uns zerbrechlichen Menschen
hilfst du zu begreifen,
worum es im Evangelium geht:
um die Güte des Herzens,
um Vergebung und Erbarmen.

Gott aller Menschen,
auch nur der Wunsch,
uns deiner Liebe zu öffnen,
entzündet tief in unserer Seele ein Licht.
So schwach dieses Licht auch brennt,
es geht niemals aus.

Jesus, unsere Hoffnung,
du tröstest uns.
Dein Trost kommt von Gott
und erfüllt unser Leben.
So begreifen wir,
dass wir dir im Gebet alles anvertrauen,
alles überlassen können.

Heiliger Geist,
du richtest an jeden Einzelnen von uns
einen Ruf.
Mach uns offen, damit wir verstehen,
was du von uns erwartest.

Gott des Erbarmens,
fassungslos stehen wir vor dem Leid
unschuldiger Menschen.
Wir bitten dich für alle, die Schweres
durchmachen.
Und zeig all denen einen Weg,
die Frieden suchen –
einen Frieden, den die
Menschheitsfamilie so dringend
braucht.

Heiliger Geist,
in dir können wir eine erstaunliche
Entdeckung machen:
Gott will weder Leid noch Not eines
Menschen.
Er macht uns keine Angst
und er erschreckt uns nicht.
Gott kann uns nur lieben.

Gott des Trostes,
du nimmst auf dich, was uns belastet.
So können wir in jedem Moment des
Lebens einen Schritt weitergehen –
von den Sorgen zum Vertrauen,
vom Schatten zum Licht.

Jesus Christus,
Friede unserer Herzen.
In unseren Nächten wie in unseren Tagen,
in den dunklen Stunden genauso
wie in Zeiten strahlenden Lichts
klopfst du an unsere Tür
und wartest auf unsere Antwort.

Heiliger Geist,
geheimnisvolle Gegenwart,
du hüllst uns in deinen Frieden.
Er berührt unser Innerstes
und bringt uns den Atem des Lebens.

Gott, du liebst uns.
So arm unser Gebet auch sein mag,
wir suchen dich voll Vertrauen.
Und selbst durch unser Zögern und
unsere Zweifel hindurch
bahnt sich deine Liebe einen Weg.

Jesus, unser Friede,
du rufst uns auf,
dir unser ganzes Leben lang
nachzufolgen.
Und im demütigen Vertrauen
begreifen wir,
wie sehr du darauf wartest,
dass wir uns dir öffnen.

Heiliger Geist,
oft finden wir kaum Worte für unsere
Sehnsucht nach Gemeinschaft mit dir.
Doch du wohnst auf unsichtbare Weise
in jedem von uns.
Und deine Gegenwart kann uns
zur Freude führen.

Barmherziger Gott,
gib uns Geduld,
im Gebet auf dich zu warten
und uns bewusst zu machen,
dass du mit Liebe
auf das Leben eines jeden Einzelnen
von uns schaust.

Jesus, Freude unserer Herzen,
du gießt den Heiligen Geist
über uns aus.
Er entzündet ein tiefes Vertrauen
in uns.
So begreifen wir:
Die Sehnsucht nach Gott genügt,
und unsere Seele lebt wieder auf.

Tröster Geist,
lege deinen Atem auf die Sorgen,
die uns fernhalten von dir.
Hilf uns, die Quellen zu finden,
aus denen tief in uns das Vertrauen
entspringt.

Gott des Erbarmens,
das Evangelium lässt uns erahnen,
dass du uns auch dort liebst,
wo wir völlig allein sind,
allein mit uns selbst.
Glücklich, wer sich im Vertrauen des
Herzens dir überlässt.

Jesus, wir vertrauen dir,
du entzündest in uns ein Licht.
So schwach es auch leuchtet,
es genügt, um die Sehnsucht nach Gott
in uns lebendig zu halten.

Heiliger Geist,
durch deine beständige Gegenwart
zeigst du uns den Weg,
unser Leben aus Liebe hinzugeben.
Und selbst wenn wir dich manchmal
vergessen,
gießt du Freude über uns aus.

Jesus des Erbarmens,
selbst als man dich misshandelte,
hast du niemandem gedroht.
Du hast vergeben.
Auch wir möchten vergeben,
und dabei im Herzen ganz einfach
bleiben.

Zu wem sollen wir gehen?

So weit man in der Geschichte auch zurückblickt, unzählige Glaubende wussten, dass Gott im Gebet ein Licht schenkt, ein inneres Leben. Bereits vor Christus betete ein Glaubender mit den Worten: „Herr, in der Nacht sehnt sich meine Seele nach dir; tief in mir sucht dich mein Geist."

Seit jeher trägt der Mensch in sich eine Sehnsucht nach Gemeinschaft mit Gott. Das Geheimnis dieser Gemeinschaft berührt unser Innerstes, den Grund unseres Seins. Deshalb können auch wir zu Christus sagen: „Zu wem sollten wir gehen, wenn nicht zu dir? Du hast Worte, die unserer Seele neues Leben schenken."

Christus des Erbarmens,
du nimmst uns an,
mit unseren Talenten
und mit unserer Schwachheit.
Durch den Heiligen Geist befreist du
uns, du vergibst.
So werden wir bereit,
aus Liebe sogar unser Leben
hinzugeben.

Gott aller Liebe,
wir möchten deinen Ruf tief in uns
nicht überhören:
„Geh voran, deine Seele lebe auf!"

Heiliger Geist, Tröster Geist,
nimm unser Gebet entgegen,
wenn wir dir in großer Einfachheit
alles anvertrauen.
Wir möchten uns freuen über das,
was du in unserer Seele vollbringst.

Jesus Christus,
gib uns ein entschlossenes Herz,
das ohne viele Worte im Gebet
immer wieder Gemeinschaft mit Gott
sucht.

Barmherziger Gott,
das Evangelium hilft uns,
diese gute Nachricht zu verstehen:
Niemand, ja, kein Mensch ist
ausgeschlossen,
weder von deiner Liebe noch von
deiner Vergebung.

Heiliger Geist, inneres Licht,
wir möchten niemals einen Weg der Dunkelheit einschlagen,
sondern uns immer wieder dem Licht öffnen, das von dir kommt.

Jesus, unsere Freude,
du rufst uns auf, dir nachzufolgen.
Und wir begreifen,
dass dein Evangelium unser Herz und
unser Leben verändern kann.

Gott voll Erbarmen,
wir loben dich für die unzähligen
Frauen, Männer und Jugendlichen,
die überall auf der Welt versuchen,
Zeugen von Frieden, Versöhnung und
Gemeinschaft zu sein.

Heiliger Geist, Tröster Geist,
wenn wir vor dir zur Ruhe kommen
und still werden,
dann beten wir bereits.
Manchmal ist schon ein kurzer Seufzer
Gebet,
denn du verstehst uns.

Jesus, Retter allen Lebens,
wie ein Morgenstern, der in unserem Herzen aufgeht,
berührt dein Licht auch unser Zögern und unsere Zweifel.

Gott,
du liebst jeden Menschen.
Wir möchten Tag für Tag
in Stille und Liebe
Gemeinschaft leben mit dir.

Heiliger Geist,
du erfüllst das All.
In einem Hauch der Stille sagst du zu
jedem Menschen:
„Fürchte dich nicht,
Gott ist da, tief in dir.
Suche und du wirst finden.“

Jesus Christus,
Friede unseres Herzens,
dein Evangelium öffnet unsere Augen
für die Fülle deiner Liebe:
Sie ist Vergebung, ist inneres Licht.

Gott aller Liebe,
voll Vertrauen suchen wir dich und
hoffen,
dass sich in der Gegenwart
deines Heiligen Geistes
auch unsere inneren Widersprüche
lösen.

Heiliger Geist,
du möchtest nicht,
dass wir in Unruhe sind;
du hüllst uns in deinen Frieden.
Dieser Friede lässt uns jeden Tag
wie ein Heute Gottes leben.

Jesus Christus,
du bist nicht auf die Erde gekommen,
um die Welt zu verurteilen,
sondern um uns durch den
Heiligen Geist
ein Leben in Gemeinschaft mit Gott
zu schenken.

Gott des Friedens,
so schwach wir auch sind,
wir möchten deinen Spuren folgen und
lieben lernen,
so wie du uns liebst.

Heiliger Geist,
geheimnisvolle Gegenwart,
zu jedem Einzelnen von uns sagst du:
„Warum machst du dir Sorgen?
Eines nur ist notwendig:
ein hörendes Herz, um zu begreifen,
dass Gott dich liebt und dir immer
wieder vergibt.“

Jesus, unsere Hoffnung,
auch in unserer Schwäche und
Hilflosigkeit
möchten wir begreifen,
dass du uns immer wieder einen Weg
zeigst, der zu Gott führt.

Liebender Gott,
durch den Heiligen Geist
bist du immer da.
Deine Gegenwart ist unsichtbar,
aber du lebst in unserer Seele,
selbst wenn wir uns dessen nicht
bewusst sind.

Heiliger Geist,
Atem der Liebe Gottes,
unser Gebet mag unbeholfen sein,
aber durch das Evangelium verstehen
wir, dass du sogar in der Stille
unseres Herzens betest.

Ein kontemplativer Blick

Wir sind als Menschen in der Lage, in einer kontemplativen Erwartung vor Gott zu leben. Wenn wir in dieser Haltung beten, hebt sich ein Schleier von dem, was man im Glauben nicht in Worte fassen kann. Und das Unaussprechliche führt uns zur Anbetung. Gott ist da, auch wenn die erste Begeisterung verflogen ist und wir ihn nicht mehr spüren. Niemals entzieht er uns sein Erbarmen. Nicht Gott entfernt sich von uns, wir selbst sind manchmal wie abwesend.
Mit einem kontemplativen Blick sehen wir in völlig unbedeutenden Ereignissen Zeichen des Evangeliums. Wir erkennen Christus auch in den Menschen, mit denen niemand etwas zu tun haben will. Wir entdecken im Universum die bezaubernde Schönheit der Schöpfung.

Heiliger Geist,
du legst uns deinen Frieden an
wie ein Gewand.
Und die Freude, die wir aus dem
Evangelium schöpfen,
kann uns lebendig machen.

Gott, du liebst uns.
Wenn wir uns in Stille deine
Vergebung bewusst machen
und uns dir in großer Einfachheit
anvertrauen,
dann erstrahlt unser Herz voller Güte.

Jesus, Friede unseres Herzens,
du rufst jeden von uns auf,
dir nachzufolgen.
Zu wem sollten wir gehen, Christus,
wenn nicht zu dir?
Du hast Worte, die unsere Seele
lebendig machen.

Gelobt sei der Heilige Geist!
Tief in uns brennt seine Gegenwart
wie ein Feuer, in dem alles vergeht,
was unser Leben belastet.

Gott des Friedens,
du möchtest die Freude des
Evangeliums in uns legen.
Diese Freude ist da und bricht auf,
wenn uns bewusst wird,
mit welchem Vertrauen du auf unser
Leben schaust.

Jesus, unsere Hoffnung,
dein Evangelium zeigt uns:
Gott will, dass wir auch in den dunklen Stunden unseres Lebens glücklich sind.
Und der Friede in unserem Herzen kann den Menschen um uns herum helfen,
sich über ihr Leben zu freuen.

Heiliger Geist, du erfüllst das All.
Du führst das Leben eines jeden von
uns
zu einer immer tieferen Gemeinschaft
mit Gott.
Darin erwacht die Güte des Herzens
und wir denken nicht mehr an
uns selbst,
sondern an die anderen.

Barmherziger Gott,
du bringst ein unerwartetes Licht in
unsere Seele.
Ja, es mag Dunkelheit in uns geben,
aber viel wichtiger ist deine
geheimnisvolle Gegenwart
in jedem Menschen.

Jesus Christus,
wir suchen deinen Blick.
Er nimmt den Schmerz aus unserem
Herzen.
Und du sagst zu uns:
„Mach dir keine Sorgen!
Ich bin auf unsichtbare Weise immer
bei dir.“

Heiliger Geist,
du öffnest uns für diese Wirklichkeit
des Evangeliums:
aus Liebe zu vergeben.
Dann ist nichts mehr schlimm,
solange wir den Geist der
Barmherzigkeit nicht verlieren.

Gott, du tröstest uns
und du verwandelst unser Herz
durch deinen Heiligen Geist.
Und gerade in den schweren
Momenten unseres Lebens
führst du uns zu einer tieferen
Gemeinschaft mit dir.

Jesus,
du bist die Freude unseres Herzens.
Wer aus deiner Vergebung und deinem
Erbarmen lebt,
dem nimmst du jeden Zweifel:
Wo Barmherzigkeit gelebt wird,
da ist Gott.

Gott,
du liebst jeden Menschen.
Und wenn wir begreifen,
dass deine Liebe
zuallererst Vergebung ist,
kommt unser Herz zur Ruhe.
Ja, es kann sich sogar ändern.

Jesus Christus,
an jeden von uns richtest du den Ruf:
„Folge mir nach;
und du wirst einen Ort finden,
wo dein Herz ausruhen kann!“

Heiliger Geist, Tröster Geist,
in deiner Nähe wird uns bewusst,
dass wir niemals allein sind.
Und du sorgst dafür,
dass unsere Gemeinschaft mit Gott
für immer Bestand hat.

Ewiger Gott,
wir möchten dich in der Stille des
Gebets suchen
und aus der Hoffnung leben,
die wir im Evangelium entdecken.

Jesus Christus,
durch dein Evangelium verstehen wir,
dass die Barmherzigkeit wichtiger ist
als alles andere.
So bitten wir dich:
Erfülle unser Herz mit Güte.

Heiliger Geist,
in Zeiten innerer Unruhe öffnest du
jedem von uns einen Weg.
Er besteht darin,
unser ganzes Leben
Gott anzuvertrauen!

Liebevoller Gott,
in dir können wir den Sinn unseres
Daseins finden.
Er besteht darin,
um Christi und des Evangeliums
willen unser Leben hinzugeben.

Jesus Christus,
im Evangelium forderst du uns auf,
nicht bei dem stehenzubleiben,
was uns verletzt hat.
Dann wird deine Vergebung zu einem
Wunder in unserem Leben.

Gott, du liebst uns.
Wir wollen zu deiner Quelle gehen –
an Tagen der Freude wie an Tagen des
Leids.
Und durch deinen Heiligen Geist
sprichst du zu unserem Herzen.

Heiliger Geist,
deine Gemeinschaft mit jedem von uns
besteht nicht nur für kurze Zeit,
sondern für immer –
bis in das Leben, das niemals endet.

Sich Gott überlassen

Bleiben wir nicht auf halbem Weg stehen, nur weil unser Gebet armselig und unbeholfen ist! Sehnen wir uns denn nicht zutiefst nach einem Leben in Gemeinschaft mit Gott? Drei Jahrhunderte nach Christus schrieb Augustinus, ein Christ aus Afrika: „Sobald wir auch nur eine Sehnsucht nach Gott verspüren, beten wir bereits. Wenn du unaufhörlich beten willst, dann höre niemals auf, dich nach Gott zu sehnen."

Im Herzen einfach zu sein, macht ein kontemplatives Gebet leichter. Die Einfachheit führt uns zu Gott, und wir können uns ihm überlassen. Dabei helfen kurze Gesänge, die wir immer wiederholen, wie: „Bei Gott bin ich geborgen, still wie ein Kind."

Ein solcher Gesang klingt lange in uns nach, ob wir arbeiten oder ausruhen.

Gott bleibt unsichtbar. Ein Leben in Gemeinschaft mit ihm bedeutet nicht, dass er in menschlichen Worten zu uns spricht. Er spricht vor allem durch das, was wir in der Stille vernehmen.

Die Stille im Gebet mag unwesentlich erscheinen. Doch in ihr kann der Heilige Geist uns helfen, die Freude Gottes anzunehmen. Diese Freude berührt unsere Seele.

Jesus Christus,
Retter allen Lebens,
du leidest mit jedem Menschen,
der Schweres durchlebt.
Und wer in dir seine Last ablegt,
den weist du niemals ab.

Atem der Liebe Gottes,
Heiliger Geist,
wir sind bisweilen überrascht,
dass du uns ganz nahe bist.
Und du sagst zu jedem Menschen:
„Sei einfach und überlasse dich Gott;
dein kleiner Glaube genügt.“

Gott des Friedens,
du liebst uns und du suchst uns.
Mit unendlichem Mitgefühl
und tiefem Erbarmen
siehst du auf jeden Menschen.

Jesus Christus,
wir möchten aus den Worten leben,
die du im Evangelium zu uns sprichst:
„Meinen Frieden hinterlasse ich euch,
euer Herz beunruhige sich nicht.“

Heiliger Geist,
in jedem Augenblick unseres Lebens
möchten wir uns dir zuwenden.
Oft vergessen wir, dass du in uns
wohnst,
dass du in uns betest und in uns liebst.
Deine Gegenwart ist Vertrauen und
Vergebung,
die du uns immer wieder gewährst.

Barmherziger Gott,
wie den Aposteln und Maria hilfst du auch uns,
in Vertrauen und Liebe uns dir zu überlassen.

Jesus,
Hoffnung unseres Herzens,
du wohnst in uns,
und durch das Evangelium sagst du
zu jedem Menschen:
„Fürchte dich nicht, ich bin bei dir."

Heiliger Geist,
geheimnisvolle Gegenwart,
du kommst immer wieder auf uns zu.
Du wohnst in unserer Seele
und weckst in uns die Hoffnung auf
Gemeinschaft mit dir.

Gott aller Liebe,
für jede und jeden von uns möchtest
du eine Freude des Evangeliums.
Und in den schweren Zeiten unseres
Lebens bleibt ein Weg:
uns dir zu überlassen.

Christus,
du lebst tief in uns und du weißt,
wonach wir uns sehnen.
Du weißt, dass wir dich lieben,
obwohl wir dich nie gesehen haben.
Wir sehen dich auch jetzt nicht,
doch wir vertrauen dir.

Heiliger Geist,
du bist für uns ein inneres Licht –
nicht nur in frohen,
sondern auch in schweren Zeiten.
Und selbst wenn dieses Licht
kaum noch brennt,
deine Gegenwart bleibt.

Gott von Ewigkeit,
du liebst jeden Menschen ohne
Ausnahme.
Und in der Vergebung,
die du uns immer wieder gewährst,
findet unser Herz Frieden.

Jesus voll Erbarmen,
du hilfst uns,
den Menschen um uns herum
durch unser Vertrauen
eine Flamme der Hoffnung
weiterzugeben.

Heiliger Geist, Tröster Geist,
wir sind die „Kleinen“,
von denen das Evangelium spricht,
und uns hast du eine geheimnisvolle
Hoffnung anvertraut.
Selbst wenn wir sie nicht sehen,
diese Hoffnung ist da und stärkt unser
Vertrauen.

Barmherziger Gott,
wir möchten auf deinen Heiligen Geist hören
und aus einem so tiefen Vertrauen leben, dass wir uns in jeder Situation dir überlassen können.

Jesus, unser Friede,
so klein unser Glaube auch sein mag,
wir möchten auf deine Worte hören,
wenn du sagst:
„Schau auf Gott und vertraue dem Evangelium!"

Heiliger Geist,
Atem der Liebe Christi,
du bist immer da
und legst tief in unsere Seele das
Vertrauen des Glaubens.

Gott des Friedens,
durch deinen Heiligen Geist
gibst du uns die Kraft,
innere Wüsten zu durchqueren.
Und durch deine Vergebung
vertreibst du unsere Fehler wie
Morgennebel.

Jesus Christus,
du bist als Armer bei armen Menschen
auf die Welt gekommen –
nicht um zu verurteilen,
sondern um uns durch deine Demut
einen Weg der Gemeinschaft mit Gott
zu öffnen.

Gott,
du liebst jeden Menschen.
Wenn wir uns dir überlassen,
begreifen wir, dass der Heilige Geist
auch unsere innere Not
mit seinem Licht durchdringt.

Jesus, unsere Zuversicht,
wir möchten dich aus tiefstem Herzen lieben.
Gib uns den Mut,
unser Leben immer wieder neu hinzugeben.

Heiliger Geist,
mach uns offen, damit wir vertrauen
und im Herzen einfach werden.
Dann kreisen wir nicht länger
um uns selbst,
sondern können dir unser Leben
überlassen.

Er begleitet uns

Am Abend des Ostertages ging Jesus mit zwei seiner Jünger nach Emmaus. Diese erkannten nicht, wer sie da begleitete. Genauso ist auch uns nicht immer bewusst, dass Christus uns durch den Heiligen Geist ganz nahe ist. Er weicht nicht von unserer Seite. Unerwartet entzündet er ein Licht in unserem Herzen, und auf einmal begreifen wir: Es mag in uns Dunkelheit geben, aber Christus ist auf geheimnisvolle Weise in jedem Menschen gegenwärtig.

Versuchen wir, etwas Wichtiges nicht zu vergessen, nämlich dass Christus zu jedem Menschen sagt: „Ich liebe dich, und meine Liebe wird nie vergehen. Ich verlasse dich nicht. Durch den Heilige Geist bin ich für immer bei dir."

Weihnachten

Gott des Friedens,
wie Maria, die Mutter Jesu,
erfahren wir an Weihnachten eine
lautere Freude des Evangeliums.
Sie besteht darin, einfach zu werden –
im Herzen und in unserem Leben.
Wir möchten uns mit dem Wenigen,
was wir haben,
dir in Stille und Liebe öffnen.

Erscheinung des Herrn

Liebender Gott,
deine Gegenwart entzündet in unserer Dunkelheit ein Licht.
Das Fest der Erscheinung des Herrn kann uns bewusst machen,
dass diese Quelle des Lichts nicht wir geschaffen haben,
sondern dein Heiliger Geist,
der tief in uns wohnt.

Palmsonntag

Jesus Christus,
wie deine Jünger am Tag deines Einzugs in Jerusalem,
so brauchen auch wir Freude,
um gemeinsam mit dir unser Kreuz zu tragen.
Und du sagst zu jedem Einzelnen von uns:
„Fürchte dich nicht! Hab den Mut,
mir immer wieder nachzufolgen.

Gründonnerstag

Barmherziger Gott,
unser Herz und unser Geist sind wie
trockenes Land, das nach dir dürstet.
Und du gießt deinen Geist über uns
aus,
den Frieden der Eucharistie,
der uns zu lebendigen Menschen
macht.

Karfreitag

Heiliger Geist,
durch deine Gegenwart bereitest du
uns heute darauf vor,
das Erbarmen Gottes mit eigenen
Augen zu sehen und zu begreifen,
dass Gott nur seine Liebe schenken
kann.

Karsamstag

Gott von Ewigkeit,
auch wenn in uns Schweigen herrscht –
unser Herz spricht zu dir, es betet
und wir überlassen uns dir.

Jesus Christus,
wie einige deiner Jünger
können auch wir uns manchmal
kaum vorstellen,
dass du von den Toten auferstanden
und unter uns bist.
Doch durch den Heiligen Geist wohnst
du in uns und sprichst:
„Folge mir nach, ich öffne dir einen
Weg des Lebens."

Pfingsten

Jesus Christus,
in deinem Evangelium versprichst du uns:
Ich lasse euch niemals allein.
Ich sende euch den Heiligen Geist,
er wird euch Kraft und Trost geben,
und Gemeinschaft mit Gott –
an jedem neuen Tag.

Verklärung Christi

Heiliger Geist,
du weißt, wie schwach wir sind,
aber du kommst und verklärst unser Herz.
So kann sogar die Dunkelheit in uns zu Licht werden.

Allerheiligen

Barmherziger Gott,
wie die Apostel, wie Maria und all die heiligen Zeugen Christi bis heute,
so rufst du auch uns auf,
den Menschen um uns herum,
Frieden, Vertrauen und Freude zu bringen.

Beim Tod eines nahestehenden Menschen

Christus voll Erbarmen,
du schenkst uns Gemeinschaft
mit denen,
die uns vorausgegangen und uns
manchmal noch sehr nahe sind.
Sie sehen, was unseren Augen
noch verborgen ist.
Wie sie, machst du auch uns bereit,
einen Lichtstrahl deiner Herrlichkeit
zu empfangen.

Bei der Geburt eines Kindes

Liebevoller Gott,
du legst die Demut des Evangeliums
in uns.
Wir möchten begreifen,
dass das Wertvollste in uns durch ein
ganz einfaches Vertrauen entsteht,
zu dem bereits ein Kind fähig ist.

Bei einer Taufe

Gott, du liebst uns.
Durch unsere Taufe im Heiligen Geist
haben wir für immer Christus
empfangen.
Und du sagst zu jeder und jedem von
uns:
„Du bist wie mein einziges Kind,
in dir finde ich meine Freude.“